Par le nom d'Allah, le Tout Miséricordieux,

le Très Miséricordieux

ISBN : 9789983978070

Sommaire

بِسْمِ اللَّهِ الرَّحْمَٰنِ الرَّحِيمِ ﴿١﴾

الْحَمْدُ لِلَّهِ رَبِّ الْعَالَمِينَ ﴿٢﴾

الرَّحْمَٰنِ الرَّحِيمِ ﴿٣﴾

مَالِكِ يَوْمِ الدِّينِ ﴿٤﴾

إِيَّاكَ نَعْبُدُ وَإِيَّاكَ نَسْتَعِينُ ﴿٥﴾

اهْدِنَا الصِّرَاطَ الْمُسْتَقِيمَ ﴿٦﴾

صِرَاطَ الَّذِينَ أَنْعَمْتَ عَلَيْهِمْ غَيْرِ الْمَغْضُوبِ عَلَيْهِمْ وَلَا الضَّالِّينَ ﴿٧﴾

سُورَةُ الفَاتِحَة
Surat Al-Fâtiha

Bismi Allahi arrahmani arrahim	بِسْمِ اللَّهِ الرَّحْمَنِ الرَّحِيم (١)
Alhamdu lillahi rabbi al'aalamin	الْحَمْدُ لِلَّهِ رَبِّ الْعَالَمِينَ (٢)
Arrahmani arraheem	الرَّحْمَنِ الرَّحِيمِ (٣)
Maliki yawmi ddin	مَالِكِ يَوْمِ الدِّينِ (٤)
Iyyaka na'budu wa-iyyaaka nasta'in	إِيَّاكَ نَعْبُدُ وَإِيَّاكَ نَسْتَعِينُ (٥)
Ihdina assiraata almustakim	اهْدِنَا الصِّرَاطَ الْمُسْتَقِيمَ (٦)
Sirata alladheena an'amta 'alayhim ghayri almaghdoubi 'alayhim wala adhallin	صِرَاطَ الَّذِينَ أَنْعَمْتَ عَلَيْهِمْ غَيْرِ الْمَغْضُوبِ عَلَيْهِمْ وَلَا الضَّالِّينَ (٧)

Récitation Murattal

Récitation avec répétition des enfants

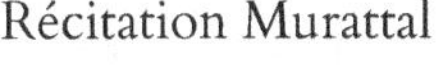

Scan pour écouter la Sourate

سُورَةُ الفَاتِحَة
(L'Aprente)

Au nom d'Allah, le Tout Miséricordieux, le Très Miséricordieux (1)	بِسْمِ اللَّهِ الرَّحْمَنِ الرَّحِيمِ (١)
Louange à Allah, Seigneur de l'univers (2)	الْحَمْدُ لِلَّهِ رَبِّ الْعَالَمِينَ (٢)
Le Tout Miséricordieux, le Très Miséricordieux (3)	الرَّحْمَنِ الرَّحِيمِ (٣)
Maître du Jour de la rétribution (4)	مَالِكِ يَوْمِ الدِّينِ (٤)
C'est Toi [Seul] que nous adorons, et c'est Toi [Seul] dont nous implorons secours (5)	إِيَّاكَ نَعْبُدُ وَإِيَّاكَ نَسْتَعِينُ (٥)
Guide-nous dans le droit chemin (6)	اهْدِنَا الصِّرَاطَ الْمُسْتَقِيمَ (٦)
le chemin de ceux que Tu as comblés de faveurs, non pas de ceux qui ont encouru Ta colère, ni des égarés (7)	صِرَاطَ الَّذِينَ أَنْعَمْتَ عَلَيْهِمْ غَيْرِ الْمَغْضُوبِ عَلَيْهِمْ وَلَا الضَّالِّينَ (٧)

سُورَةُ النَّاسِ

بِسْمِ اللَّهِ الرَّحْمَنِ الرَّحِيمِ

قُلْ أَعُوذُ بِرَبِّ النَّاسِ ﴿١﴾

مَلِكِ النَّاسِ ﴿٢﴾

إِلَهِ النَّاسِ ﴿٣﴾

مِن شَرِّ الْوَسْوَاسِ الْخَنَّاسِ ﴿٤﴾

الَّذِي يُوَسْوِسُ فِي صُدُورِ النَّاسِ ﴿٥﴾

مِنَ الْجِنَّةِ وَالنَّاسِ ﴿٦﴾

بِسْمِ اللَّهِ الرَّحْمَنِ الرَّحِيم

Bismi Allahi arrahmani arrahim

Qul a'oodhu birabbin naas	قُلْ أَعُوذُ بِرَبِّ النَّاسِ (١)
Malikin naas	مَلِكِ النَّاسِ (٢)
Ilaahin naas	إِلَهِ النَّاسِ (٣)
Min sharril waswaasil khannaas	مِنْ شَرِّ الْوَسْوَاسِ الْخَنَّاسِ (٤)
Alladhee yuwaswisu fee sudoorin naas	الَّذِي يُوَسْوِسُ فِي صُدُورِ النَّاسِ (٥)
Minal jinnati wannaas	مِنَ الْجِنَّةِ وَالنَّاسِ (٦)

Récitation Murattal

Récitation avec répétition des enfants

Scan pour écouter la Sourate

سُورَةُ النَّاس
(Les gens)

بِسْمِ اللَّهِ الرَّحْمَنِ الرَّحِيم

Au nom d'Allah, le Tout Miséricordieux, le Très Miséricordieux

Dis : "Je cherche protection auprès du Seigneur des hommes (1)	قُلْ أَعُوذُ بِرَبِّ النَّاسِ (١)
Le Souverain des hommes (2)	مَلِكِ النَّاسِ (٢)
Dieu des hommes (3)	إِلَهِ النَّاسِ (٣)
contre le mal du mauvais conseiller, furtif (4)	مِنْ شَرِّ الْوَسْوَاسِ الْخَنَّاسِ (٤)
qui souffle le mal dans les poitrines des hommes (5)	الَّذِي يُوَسْوِسُ فِي صُدُورِ النَّاسِ (٥)
qu'il (le conseiller) soit un djinn, ou un être humain (6)	مِنَ الْجِنَّةِ وَالنَّاسِ (٦)

سُورَةُ الْفَلَقِ

بِسْمِ اللهِ الرَّحْمَنِ الرَّحِيمِ

قُلْ أَعُوذُ بِرَبِّ الْفَلَقِ ﴿١﴾

مِن شَرِّ مَا خَلَقَ ﴿٢﴾

وَمِن شَرِّ غَاسِقٍ إِذَا وَقَبَ ﴿٣﴾

وَمِن شَرِّ النَّفَّاثَاتِ فِي الْعُقَدِ ﴿٤﴾

وَمِن شَرِّ حَاسِدٍ إِذَا حَسَدَ ﴿٥﴾

سُورَةُ الفَلَقِ
Sourate Al-Falaq

بِسْمِ اللَّهِ الرَّحْمَنِ الرَّحِيمِ

Bismi Allahi arrahmani arrahim

Qul a'oodhu bi rabbil-falaq	قُلْ أَعُوذُ بِرَبِّ الْفَلَقِ (١)
Min sharri maa khalaq	مِنْ شَرِّ مَا خَلَقَ (٢)
Wa min sharri ghaasiqin izaa waqab	وَمِنْ شَرِّ غَاسِقٍ إِذَا وَقَبَ (٣)
Wa min sharrin-naffaa-thaati fil 'uqad	وَمِنْ شَرِّ النَّفَّاثَاتِ فِي الْعُقَدِ (٤)
Wa min sharri haasidin idhaa hasad	وَمِنْ شَرِّ حَاسِدٍ إِذَا حَسَدَ (٥)

Récitation Murattal   Récitation avec répétition des enfants

Scan pour écouter la Sourate

سُورَةُ الفَلَق
(L'aube naissante)

بِسْمِ اللَّهِ الرَّحْمَنِ الرَّحِيم

Au nom d'Allah, le Tout Miséricordieux, le Très Miséricordieux

Dis : "Je cherche protection auprès du Seigneur de l'aube naissante (1)	قُلْ أَعُوذُ بِرَبِّ الْفَلَقِ (١)
contre le mal des êtres qu'Il a créé (2)	مِنْ شَرِّ مَا خَلَقَ (٢)
contre le mal de l'obscurité quand elle s'approfondit (3)	وَمِنْ شَرِّ غَاسِقٍ إِذَا وَقَبَ (٣)
contre le mal de celles qui soufflent (les sorcières) sur les noeuds (4)	وَمِنْ شَرِّ النَّفَّاثَاتِ فِي الْعُقَدِ (٤)
et contre le mal de l'envieux quand il envie (5)	وَمِنْ شَرِّ حَاسِدٍ إِذَا حَسَدَ (٥)

بِسْمِ اللَّهِ الرَّحْمَٰنِ الرَّحِيمِ

قُلْ هُوَ اللَّهُ أَحَدٌ ﴿١﴾

اللَّهُ الصَّمَدُ ﴿٢﴾

لَمْ يَلِدْ وَلَمْ يُولَدْ ﴿٣﴾

وَلَمْ يَكُن لَّهُ كُفُوًا أَحَدٌ ﴿٤﴾

سُورَةُ الإِخْلَاص
Sourate Al-Ikhlas

بِسْمِ اللَّهِ الرَّحْمَنِ الرَّحِيمِ

Bismi Allahi arrahmani arrahim

Qul huwal laahu ahad   قُلْ هُوَ اللَّهُ أَحَدٌ (١)

Allah hus-samad   اللَّهُ الصَّمَدُ (٢)

Lam yalid wa lam yoolad   لَمْ يَلِدْ وَلَمْ يُولَدْ (٣)

Wa lam yakul-lahoo kufuwan ahad   وَلَمْ يَكُنْ لَهُ كُفُوًا أَحَدٌ (٤)

Récitation Murattal

Scan pour écouter la Sourate

Récitation avec
répétition des enfants

سُورَةُ الإِخْلَاص
(Le monothéisme pur)

بِسْمِ اللَّهِ الرَّحْمَنِ الرَّحِيمِ

Au nom d'Allah, le Tout Miséricordieux, le Très Miséricordieux

Dis : "Il est Allah, Unique (1)	قُلْ هُوَ اللَّهُ أَحَدٌ (١)
Allah, Le Seul à être imploré pour ce que nous désirons (2)	اللَّهُ الصَّمَدُ (٢)
Il n'a jamais engendré, n'a pas été engendré non plus (3)	لَمْ يَلِدْ وَلَمْ يُولَدْ (٣)
Et nul n'est égal à Lui (4)	وَلَمْ يَكُنْ لَهُ كُفُوًا أَحَدٌ (٤)

سُورَةُ الْمَسَدِ

بِسْمِ اللَّهِ الرَّحْمَٰنِ الرَّحِيمِ

تَبَّتْ يَدَآ أَبِى لَهَبٍ وَتَبَّ ﴿١﴾

مَآ أَغْنَىٰ عَنْهُ مَالُهُۥ وَمَا كَسَبَ ﴿٢﴾

سَيَصْلَىٰ نَارًا ذَاتَ لَهَبٍ ﴿٣﴾

وَٱمْرَأَتُهُۥ حَمَّالَةَ ٱلْحَطَبِ ﴿٤﴾

فِى جِيدِهَا حَبْلٌ مِّن مَّسَدٍ ﴿٥﴾

سُورَةُ المَسَد
Sourate Al-Masad

بِسْمِ اللَّهِ الرَّحْمَنِ الرَّحِيم

Bismi Allahi arrahmani arrahim

Tabbat yadaa abee Lahabinw-wa tabb	تَبَّتْ يَدَا أَبِي لَهَبٍ وَتَبَّ (١)
Maa aghnaa 'anhu maaluhoo wa ma kasab	مَا أَغْنَى عَنْهُ مَالُهُ وَمَا كَسَبَ (٢)
Sa-yaslaa naaran dhaata lahab	سَيَصْلَى نَارًا ذَاتَ لَهَبٍ (٣)
Wamra-atuhoo hammaa latal-hatab	وَامْرَأَتُهُ حَمَّالَةَ الْحَطَبِ (٤)
Fee jeedihaa hablum mim-masad	فِى جِيدِهَا حَبْلٌ مِّن مَّسَدٍ (٥)

Récitation Murattal

Récitation avec
répétition des enfants

Scan pour écouter la Sourate

سُورَةُ المَسَد

(Les fibres)

بِسْمِ اللَّهِ الرَّحْمَنِ الرَّحِيم

Au nom d'Allah, le Tout Miséricordieux, le Très Miséricordieux

Que périssent les deux mains d'Abu-Lahab et que lui-même périsse (1)	تَبَّتْ يَدَا أَبِي لَهَبٍ وَتَبَّ (١)
Sa fortune ne lui sert à rien, ni ce qu'il a acquis (2)	مَا أَغْنَى عَنْهُ مَالُهُ وَمَا كَسَبَ (٢)
Il sera brûlé dans un Feu plein de flammes (3)	سَيَصْلَى نَارًا ذَاتَ لَهَبٍ (٣)
de même sa femme, la porteuse de bois (4)	وَامْرَأَتُهُ حَمَّالَةَ الْحَطَبِ (٤)
à son cou, une corde de fibres (5)	فِي جِيدِهَا حَبْلٌ مِّن مَّسَدٍ (٥)

سُورَةُ النَّصْرِ

بِسْمِ اللَّهِ الرَّحْمَنِ الرَّحِيمِ

إِذَا جَاءَ نَصْرُ اللَّهِ وَالْفَتْحُ ﴿١﴾

وَرَأَيْتَ النَّاسَ يَدْخُلُونَ فِي دِينِ اللَّهِ أَفْوَاجًا ﴿٢﴾

فَسَبِّحْ بِحَمْدِ رَبِّكَ وَاسْتَغْفِرْهُ إِنَّهُ كَانَ تَوَّابًا ﴿٣﴾

سُورَةُ النَّصْر
Sourate An-Nasr

بِسْمِ اللَّهِ الرَّحْمَنِ الرَّحِيم

Bismi Allahi arrahmani arrahim

Idha jaaa'a nasrul-laahi walfath

إِذَا جَاءَ نَصْرُ اللَّهِ وَالْفَتْحُ (١)

Wa ra-aitan naasa yadkhuloona fee deenil laahi afwajaa

وَرَأَيْتَ النَّاسَ يَدْخُلُونَ فِى دِينِ اللَّهِ أَفْوَاجًا (٢)

Fasabbih bihamdi rabbika wastaghfirh, innahoo kaana tawwaaba

فَسَبِّحْ بِحَمْدِ رَبِّكَ وَاسْتَغْفِرْهُ إِنَّهُ كَانَ تَوَّابًا (٣)

Récitation Murattal

Scan pour écouter la Sourate

Récitation avec répétition des enfants

سُورَةُ النَّصْر

(Les secours)

بِسْمِ اللَّهِ الرَّحْمَنِ الرَّحِيمِ

Au nom d'Allah, le Tout Miséricordieux, le Très Miséricordieux

Lorsque vient le secours d'Allah ainsi que la victoire (1)	إِذَا جَاءَ نَصْرُ اللَّهِ وَٱلْفَتْحُ (١)
et que tu vois les gens entrer en foule dans la religion d'Allah (2)	وَرَأَيْتَ ٱلنَّاسَ يَدْخُلُونَ فِى دِينِ ٱللَّهِ أَفْوَاجًا (٢)
alors, par la louange, célèbre la gloire de ton Seigneur et implore Son pardon. Car c'est Lui le grand Accueillant au repentir (3)	فَسَبِّحْ بِحَمْدِ رَبِّكَ وَٱسْتَغْفِرْهُ إِنَّهُ كَانَ تَوَّابًا (٣)

بِسْمِ اللَّهِ الرَّحْمَنِ الرَّحِيمِ

قُلْ يَٰٓأَيُّهَا ٱلْكَٰفِرُونَ ﴿١﴾

لَآ أَعْبُدُ مَا تَعْبُدُونَ ﴿٢﴾

وَلَآ أَنتُمْ عَٰبِدُونَ مَآ أَعْبُدُ ﴿٣﴾

وَلَآ أَنَا۠ عَابِدٌ مَّا عَبَدتُّمْ ﴿٤﴾

وَلَآ أَنتُمْ عَٰبِدُونَ مَآ أَعْبُدُ ﴿٥﴾

لَكُمْ دِينُكُمْ وَلِيَ دِينِ ﴿٦﴾

سُورَةُ الكَافِرُون
Sourate Al-Kafirun

بِسْمِ اللَّهِ الرَّحْمَنِ الرَّحِيم

Bismi Allahi arrahmani arrahim

Qul yaaa-ayyuhal kaafiroon	قُلْ يَـٰٓأَيُّهَا ٱلْكَـٰفِرُونَ (١)
Laaa a'budu maa t'abudoon	لَآ أَعْبُدُ مَا تَعْبُدُونَ (٢)
Wa laaa antum 'aabidoona maaa a'bud	وَلَآ أَنتُمْ عَـٰبِدُونَ مَآ أَعْبُدُ (٣)
Wa laaa ana 'abidum maa 'abattum	وَلَآ أَنَا۠ عَابِدٌ مَّا عَبَدتُّمْ (٤)
Wa laaa antum 'aabidoona maaa a'bud	وَلَآ أَنتُمْ عَـٰبِدُونَ مَآ أَعْبُدُ (٥)
Lakum deenukum wa liya deen	لَكُمْ دِينُكُمْ وَلِيَ دِينِ (٦)

Récitation Murattal

Récitation avec
répétition des enfants

Scan pour écouter la Sourate

سُورَةُ الكَافِرُون
(Les infidèles)

بِسْمِ اللَّهِ الرَّحْمَنِ الرَّحِيم

Au nom d'Allah, le Tout Miséricordieux, le Très Miséricordieux

Dis : "Ô vous les infidèles! (1)	قُلْ يَآأَيُّهَا ٱلْكَافِرُونَ (١)
Je n'adore pas ce que vous adorez (2)	لَآ أَعْبُدُ مَا تَعْبُدُونَ (٢)
Et vous n'êtes pas adorateurs de ce que j'adore (3)	وَلَآ أَنتُمْ عَابِدُونَ مَآ أَعْبُدُ (٣)
Je ne suis pas adorateur de ce que vous adorez (4)	وَلَآ أَنَا عَابِدٌ مَّا عَبَدتُّمْ (٤)
Et vous n'êtes pas adorateurs de ce que j'adore (5)	وَلَآ أَنتُمْ عَابِدُونَ مَآ أَعْبُدُ (٥)
A vous votre religion, et à moi ma religion " (6)	لَكُمْ دِينُكُمْ وَلِيَ دِينِ (٦)

سُورَةُ الْكَوْثَرِ

بِسْمِ ٱللَّهِ ٱلرَّحْمَٰنِ ٱلرَّحِيمِ

إِنَّا أَعْطَيْنَٰكَ ٱلْكَوْثَرَ ﴿١﴾

فَصَلِّ لِرَبِّكَ وَٱنْحَرْ ﴿٢﴾

إِنَّ شَانِئَكَ هُوَ ٱلْأَبْتَرُ ﴿٣﴾

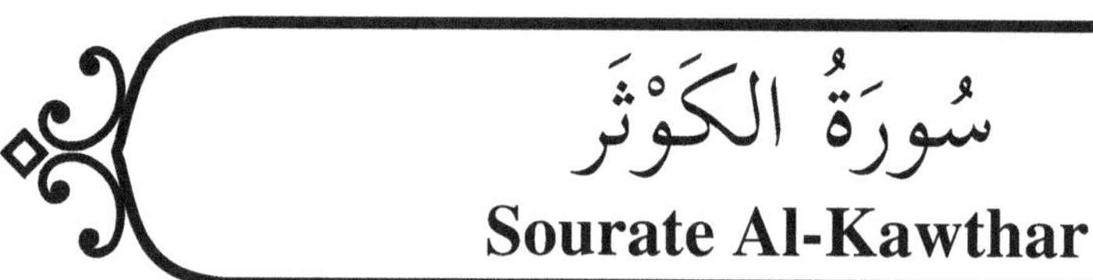

سُورَةُ الكَوْثَر
Sourate Al-Kawthar

بِسْمِ اللَّهِ الرَّحْمَنِ الرَّحِيمِ

Bismi Allahi arrahmani arrahim

Innaaa a'tainaa kal kauthar

إِنَّا أَعْطَيْنَاكَ ٱلْكَوْثَرَ (١)

Fasalli li rabbika wanhar

فَصَلِّ لِرَبِّكَ وَٱنْحَرْ (٢)

Inna shaani'aka huwal abtar

إِنَّ شَانِئَكَ هُوَ ٱلْأَبْتَرُ (٣)

Récitation Murattal

Récitation avec
répétition des enfants

Scan pour écouter la Sourate

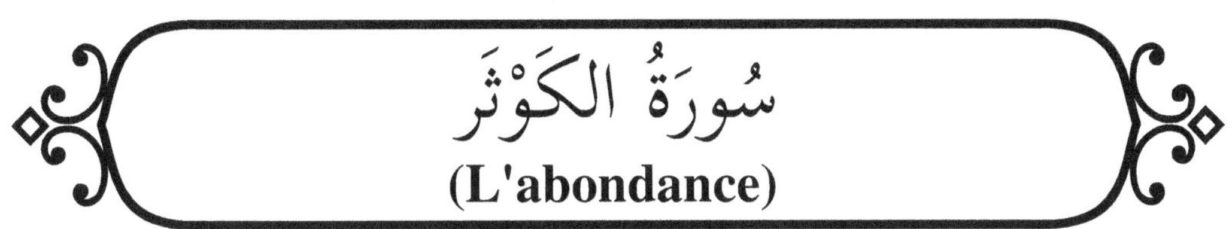

سُورَةُ الكَوْثَر
(L'abondance)

بِسْمِ اللَّهِ الرَّحْمَنِ الرَّحِيم

Au nom d'Allah, le Tout Miséricordieux, le Très Miséricordieux

Nous t'avons certes, accordé l'Abondance (1)	إِنَّا أَعْطَيْنَاكَ ٱلْكَوْثَرَ (١)
Accomplis la Salat pour ton Seigneur et sacrifie (2)	فَصَلِّ لِرَبِّكَ وَٱنْحَرْ (٢)
Celui qui te hait sera certes, sans postérité (3)	إِنَّ شَانِئَكَ هُوَ ٱلْأَبْتَرُ (٣)

سُورَةُ ٱلْمَاعُونِ

بِسْمِ ٱللَّهِ ٱلرَّحْمَٰنِ ٱلرَّحِيمِ

أَرَءَيْتَ ٱلَّذِى يُكَذِّبُ بِٱلدِّينِ ﴿١﴾

فَذَٰلِكَ ٱلَّذِى يَدُعُّ ٱلْيَتِيمَ ﴿٢﴾

وَلَا يَحُضُّ عَلَىٰ طَعَامِ ٱلْمِسْكِينِ ﴿٣﴾

فَوَيْلٌ لِّلْمُصَلِّينَ ﴿٤﴾

ٱلَّذِينَ هُمْ عَن صَلَاتِهِمْ سَاهُونَ ﴿٥﴾

ٱلَّذِينَ هُمْ يُرَآءُونَ ﴿٦﴾

وَيَمْنَعُونَ ٱلْمَاعُونَ ﴿٧﴾

سُورَةُ ٱلْمَاعُون
Sourate Al-Ma'un

بِسْمِ اللَّهِ الرَّحْمَنِ الرَّحِيمِ

Bismi Allahi arrahmani arrahim

Ara 'aytal ladhee yukadhibu biddeen	أَرَءَيْتَ ٱلَّذِى يُكَذِّبُ بِٱلدِّينِ (١)
Fadhaalikal ladhee yadu'ul-yateem	فَذَلِكَ ٱلَّذِى يَدُعُّ ٱلْيَتِيمَ (٢)
Wa la yahuddu 'alaa ta'aamil miskeen	وَلَا يَحُضُّ عَلَىٰ طَعَامِ ٱلْمِسْكِينِ (٣)
Fa wailul-lil musalleen	فَوَيْلٌ لِّلْمُصَلِّينَ (٤)
Alladheena hum 'an salaatihim saahoon	ٱلَّذِينَ هُمْ عَن صَلَاتِهِمْ سَاهُونَ (٥)
Alladheena hum yuraaa'oon	ٱلَّذِينَ هُمْ يُرَآءُونَ (٦)
Wa yamna'oonal maa'oon	وَيَمْنَعُونَ ٱلْمَاعُونَ (٧)

Récitation Murattal

Récitation avec répétition des enfants

Scan pour écouter la Sourate

سُورَةُ ٱلْمَاعُون

(L'ustensile)

بِسْمِ اللَّهِ الرَّحْمَنِ الرَّحِيمِ

Au nom d'Allah, le Tout Miséricordieux, le Très Miséricordieux

Vois-tu celui qui traite de mensonge la Rétribution? (1)	أَرَءَيْتَ ٱلَّذِى يُكَذِّبُ بِٱلدِّينِ (١)
C'est bien lui qui repousse l'orphelin (2)	فَذَلِكَ ٱلَّذِى يَدُعُّ ٱلْيَتِيمَ (٢)
et qui n'encourage point à nourrir le pauvre (3)	وَلَا يَحُضُّ عَلَىٰ طَعَامِ ٱلْمِسْكِينِ (٣)
Malheur donc, à ceux qui prient (4)	فَوَيْلٌ لِّلْمُصَلِّينَ (٤)
tout en négligeant (et retardant) leur Salat (5)	ٱلَّذِينَ هُمْ عَن صَلَاتِهِمْ سَاهُونَ (٥)
qui sont pleins d'ostentation (6)	ٱلَّذِينَ هُمْ يُرَآءُونَ (٦)
et refusent l'ustensile (à celui qui en a besoin) (7)	وَيَمْنَعُونَ ٱلْمَاعُونَ (٧)

سُورَةُ قُرَيْشٍ

بِسْمِ اللَّهِ الرَّحْمَٰنِ الرَّحِيمِ

لِإِيلَٰفِ قُرَيْشٍ ۝١

إِۦلَٰفِهِمْ رِحْلَةَ الشِّتَآءِ وَالصَّيْفِ ۝٢

فَلْيَعْبُدُوا۟ رَبَّ هَٰذَا الْبَيْتِ ۝٣

الَّذِىٓ أَطْعَمَهُم مِّن جُوعٍ وَءَامَنَهُم مِّنْ خَوْفٍۭ ۝٤

سُورَةُ قُرَيْش
Sourate Quraych

بِسْمِ اللَّهِ الرَّحْمَنِ الرَّحِيم

Bismi Allahi arrahmani arrahim

Li-eelaafi quraish

لِإِيلَفِ قُرَيْشٍ (١)

Eelaafihim rihlatash shitaaa'i wassaif

إِيلَفِهِمْ رِحْلَةَ ٱلشِّتَآءِ وَٱلصَّيْفِ (٢)

Faly'abudoo rabba haadhal-bait

فَلْيَعْبُدُواْ رَبَّ هَٰذَا ٱلْبَيْتِ (٣)

Alladheee at'amahum min joo'inw-wa-
aamanahum min khawf

ٱلَّذِي أَطْعَمَهُم مِّن جُوعٍ وَءَامَنَهُم
مِّنْ خَوْفٍ (٤)

Récitation Murattal

Récitation avec
répétition des enfants

Scan pour écouter la Sourate

سُورَةُ قُرَيْش

(Les Quraych)

بِسْمِ اللَّهِ الرَّحْمَنِ الرَّحِيم

Au nom d'Allah, le Tout Miséricordieux, le Très Miséricordieux

A cause du pacte des Quraych (1)	لِإِيلَفِ قُرَيْشٍ (١)
De leur pacte [concernant] les voyages d'hiver et d'été (2)	إِۦلَفِهِمْ رِحْلَةَ ٱلشِّتَآءِ وَٱلصَّيْفِ (٢)
Qu'ils adorent donc le Seigneur de cette Maison (la Kaaba) (3)	فَلْيَعْبُدُواْ رَبَّ هَٰذَا ٱلْبَيْتِ (٣)
qui les a nourris contre la faim et rassurés de la crainte! (4)	ٱلَّذِي أَطْعَمَهُم مِّن جُوعٍ وَءَامَنَهُم مِّنْ خَوْفٍ (٤)

سُورَةُ الْفِيلِ

بِسْمِ اللَّهِ الرَّحْمَنِ الرَّحِيمِ

أَلَمْ تَرَ كَيْفَ فَعَلَ رَبُّكَ بِأَصْحَابِ الْفِيلِ ﴿١﴾

أَلَمْ يَجْعَلْ كَيْدَهُمْ فِي تَضْلِيلٍ ﴿٢﴾

وَأَرْسَلَ عَلَيْهِمْ طَيْرًا أَبَابِيلَ ﴿٣﴾

تَرْمِيهِمْ بِحِجَارَةٍ مِنْ سِجِّيلٍ ﴿٤﴾

فَجَعَلَهُمْ كَعَصْفٍ مَأْكُولٍ ﴿٥﴾

سُورَةُ الفِيل
Sourate Al-Fil

بِسْمِ اللَّهِ الرَّحْمَنِ الرَّحِيمِ

Bismi Allahi arrahmani arrahim

Alam tara kaifa fa'ala rabbuka bi as-haabil feel

أَلَمْ تَرَ كَيْفَ فَعَلَ رَبُّكَ بِأَصْحَٰبِ ٱلْفِيلِ (١)

Alam yaj'al kaidahum fee tadleel

أَلَمْ يَجْعَلْ كَيْدَهُمْ فِى تَضْلِيلٍ (٢)

Wa arsala 'alaihim tairan abaabeel

وَأَرْسَلَ عَلَيْهِمْ طَيْرًا أَبَابِيلَ (٣)

Tarmeehim bihijaaratim min sijjeel

تَرْمِيهِم بِحِجَارَةٍ مِّن سِجِّيلٍ (٤)

Faja 'alahum ka'asfim m'akool

فَجَعَلَهُمْ كَعَصْفٍ مَّأْكُولٍ (٥)

Récitation Murattal

Récitation avec
répétition des enfants

Scan pour écouter la Sourate

سُورَةُ الفِيل

(L'éléphant)

بِسْمِ اللَّهِ الرَّحْمَنِ الرَّحِيم

Au nom d'Allah, le Tout Miséricordieux, le Très Miséricordieux

N'as-tu pas vu comment ton Seigneur a agi envers les gens de l'éléphant (1)

أَلَمْ تَرَ كَيْفَ فَعَلَ رَبُّكَ بِأَصْحَٰبِ ٱلْفِيلِ (١)

N'a-t-Il pas rendu leur ruse complètement vaine? (2)

أَلَمْ يَجْعَلْ كَيْدَهُمْ فِى تَضْلِيلٍ (٢)

et envoyé sur eux des oiseaux par volées (3)

وَأَرْسَلَ عَلَيْهِمْ طَيْرًا أَبَابِيلَ (٣)

qui leur lançaient des pierres d'argile? (4)

تَرْمِيهِم بِحِجَارَةٍ مِّن سِجِّيلٍ (٤)

Et Il les a rendus semblables à une paille mâchée (5)

فَجَعَلَهُمْ كَعَصْفٍ مَّأْكُولٍ (٤)

سُورَةُ الْهُمَزَةِ

بِسْمِ ٱللَّهِ ٱلرَّحْمَٰنِ ٱلرَّحِيمِ

وَيْلٌ لِّكُلِّ هُمَزَةٍ لُّمَزَةٍ ﴿١﴾

ٱلَّذِى جَمَعَ مَالًا وَعَدَّدَهُ ﴿٢﴾

يَحْسَبُ أَنَّ مَالَهُ أَخْلَدَهُ ﴿٣﴾

كَلَّا لَيُنۢبَذَنَّ فِى ٱلْحُطَمَةِ ﴿٤﴾

وَمَآ أَدْرَىٰكَ مَا ٱلْحُطَمَةُ ﴿٥﴾

نَارُ ٱللَّهِ ٱلْمُوقَدَةُ ﴿٦﴾

ٱلَّتِى تَطَّلِعُ عَلَى ٱلْأَفْـِٔدَةِ ﴿٧﴾

إِنَّهَا عَلَيْهِم مُّؤْصَدَةٌ ﴿٨﴾

فِى عَمَدٍ مُّمَدَّدَةٍ ﴿٩﴾

Récitation Murattal

Scan pour écouter la Sourate

Récitation avec
répétition des enfants

سُورَةُ الْهُمَزَة
Sourate Al-Humazah

بِسْمِ اللَّهِ الرَّحْمَنِ الرَّحِيمِ

Bismi Allahi arrahmani arrahim

Wailul-likulli hu mazatil-lumazah	وَيْلٌ لِّكُلِّ هُمَزَةٍ لُّمَزَةٍ (١)
Alladhee jama'a maalanw wa 'addadah	ٱلَّذِي جَمَعَ مَالًا وَعَدَّدَهُ (٢)
Yahsabu anna maalahooo akhladah	يَحْسَبُ أَنَّ مَالَهُ أَخْلَدَهُ (٣)
Kallaa; layumbadhanna fil hutamah	كَلَّا لَيُنۢبَذَنَّ فِى ٱلْحُطَمَةِ (٤)
Wa maa adraaka mal-hutamah	وَمَآ أَدْرَىٰكَ مَا ٱلْحُطَمَةُ (٥)
Naarul laahil-mooqada	نَارُ ٱللَّهِ ٱلْمُوقَدَةُ (٦)
Allatee tattali'u 'alal af'idah	ٱلَّتِي تَطَّلِعُ عَلَى ٱلْأَفْئِدَةِ (٧)
Innahaa 'alaihim mu'sada	إِنَّهَا عَلَيْهِم مُّؤْصَدَةٌ (٨)
Fee 'amadim mumaddadah	فِي عَمَدٍ مُّمَدَّدَةٍ (٩)

سُورَةُ الْهُمَزَة
(Les calomniateurs)

بِسْمِ اللَّهِ الرَّحْمَنِ الرَّحِيمِ

Au nom d'Allah, le Tout Miséricordieux, le Très Miséricordieux

Malheur à tout calomniateur diffamateur (1)	وَيْلٌ لِّكُلِّ هُمَزَةٍ لُّمَزَةٍ (١)
qui amasse une fortune et la compte (2)	ٱلَّذِي جَمَعَ مَالًا وَعَدَّدَهُ (٢)
pensant que sa fortune l'immortalisera (3)	يَحْسَبُ أَنَّ مَالَهُ أَخْلَدَهُ (٣)
Mais non! Il sera certes, jeté dans la Hutamah (4)	كَلَّا لَيُنۢبَذَنَّ فِى ٱلْحُطَمَةِ (٤)
Et qui te dira ce qu'est la Hutamah? (5)	وَمَآ أَدْرَىٰكَ مَا ٱلْحُطَمَةُ (٥)
Le Feu attisé d'Allah (6)	نَارُ ٱللَّهِ ٱلْمُوقَدَةُ (٦)
qui monte jusqu'aux coeurs (7)	ٱلَّتِي تَطَّلِعُ عَلَى ٱلْأَفْـِٔدَةِ (٧)
Il se refermera sur eux (8)	إِنَّهَا عَلَيْهِم مُّؤْصَدَةٌ (٨)
en colonnes (de flammes) étendues (9)	فِي عَمَدٍ مُّمَدَّدَةٍ (٩)

بِسْمِ اللَّهِ الرَّحْمَٰنِ الرَّحِيمِ

وَالْعَصْرِ ١

إِنَّ الْإِنسَٰنَ لَفِى خُسْرٍ ٢

إِلَّا الَّذِينَ ءَامَنُوا
وَعَمِلُوا الصَّٰلِحَٰتِ وَتَوَاصَوْا بِالْحَقِّ وَتَوَاصَوْا بِالصَّبْرِ ٣

سُورَةُ ٱلْعَصْرِ
Sourate Al-'Asr

بِسْمِ اللَّهِ الرَّحْمَنِ الرَّحِيم

Bismi Allahi arrahmani arrahim

Wal 'asr

وَٱلْعَصْرِ (١)

Innal insaana lafee khusr

إِنَّ ٱلْإِنسَٰنَ لَفِى خُسْرٍ (٢)

Illal ladheena aamanoo wa 'amilus saalihaati wa tawaasaw bilhaqqi wa tawaasaw bissabr

إِلَّا ٱلَّذِينَ ءَامَنُوا۟ وَعَمِلُوا۟ ٱلصَّٰلِحَٰتِ وَتَوَاصَوْا۟ بِٱلْحَقِّ وَتَوَاصَوْا۟ بِٱلصَّبْرِ (٣)

Récitation Murattal

Scan pour écouter la Sourate

Récitation avec répétition des enfants

سُورَةُ ٱلْعَصْرِ
(Le Temps)

بِسْمِ اللَّهِ الرَّحْمَنِ الرَّحِيمِ

Au nom d'Allah, le Tout Miséricordieux, le Très Miséricordieux

Par le Temps! (1)

وَٱلْعَصْرِ (١)

L'homme est certes, en perdition (2)

إِنَّ ٱلْإِنسَـٰنَ لَفِى خُسْرٍ (٢)

sauf ceux qui croient et accomplissent
les bonnes oeuvres, s'enjoignent
mutuellement la vérité et s'enjoignent
mutuellement l'endurance (3)

إِلَّا ٱلَّذِينَ ءَامَنُوا۟ وَعَمِلُوا۟ ٱلصَّـٰلِحَـٰتِ
وَتَوَاصَوْا۟ بِٱلْحَقِّ وَتَوَاصَوْا۟ بِٱلصَّبْرِ (٣)

سُورَةُ التَّكَاثُرِ

بِسْمِ اللَّهِ الرَّحْمَٰنِ الرَّحِيمِ

أَلْهَاكُمُ التَّكَاثُرُ ﴿١﴾

حَتَّىٰ زُرْتُمُ الْمَقَابِرَ ﴿٢﴾

كَلَّا سَوْفَ تَعْلَمُونَ ﴿٣﴾

ثُمَّ كَلَّا سَوْفَ تَعْلَمُونَ ﴿٤﴾

كَلَّا لَوْ تَعْلَمُونَ عِلْمَ الْيَقِينِ ﴿٥﴾

لَتَرَوُنَّ الْجَحِيمَ ﴿٦﴾

ثُمَّ لَتَرَوُنَّهَا عَيْنَ الْيَقِينِ ﴿٧﴾

ثُمَّ لَتُسْأَلُنَّ يَوْمَئِذٍ عَنِ النَّعِيمِ ﴿٨﴾

Récitation Murattal

Scan pour écouter la Sourate

Récitation avec
répétition des enfants

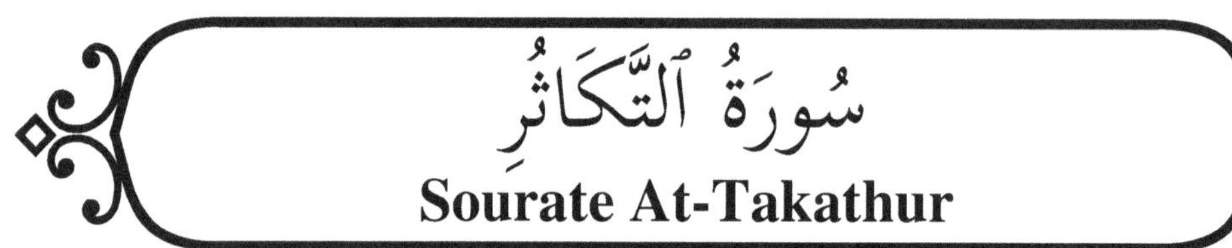

سُورَةُ ٱلتَّكَاثُرِ

Sourate At-Takathur

بِسْمِ اللَّهِ الرَّحْمَنِ الرَّحِيم

Bismi Allahi arrahmani arrahim

Al haaku mut takathur	أَلْهَاكُمُ ٱلتَّكَاثُرُ (١)
Hatta zurtumul-maqaabir	حَتَّىٰ زُرْتُمُ ٱلْمَقَابِرَ (٢)
Kalla sawfa ta'lamoon	كَلَّا سَوْفَ تَعْلَمُونَ (٣)
Thumma kalla sawfa ta'lamoon	ثُمَّ كَلَّا سَوْفَ تَعْلَمُونَ (٤)
Kalla law ta'lamoona 'ilmal yaqeen	كَلَّا لَوْ تَعْلَمُونَ عِلْمَ ٱلْيَقِينِ (٥)
Latara-wun nal jaheem	لَتَرَوُنَّ ٱلْجَحِيمَ (٦)
Thumma latara wunnaha 'ainal yaqeen	ثُمَّ لَتَرَوُنَّهَا عَيْنَ ٱلْيَقِينِ (٧)
Thumma latus alunna yauma-izin 'anin na'eem	ثُمَّ لَتُسْأَلُنَّ يَوْمَئِذٍ عَنِ ٱلنَّعِيمِ (٨)

سُورَةُ ٱلتَّكَاثُر
(La course aux richesses)

بِسْمِ اللَّهِ الرَّحْمَنِ الرَّحِيمِ

Au nom d'Allah, le Tout Miséricordieux, le Très Miséricordieux

La course aux richesses vous distrait (1)	أَلْهَىٰكُمُ ٱلتَّكَاثُرُ (١)
jusqu'à ce que vous visitiez les tombes (2)	حَتَّىٰ زُرْتُمُ ٱلْمَقَابِرَ (٢)
Mais non! Vous saurez bientôt! (3)	كَلَّا سَوْفَ تَعْلَمُونَ (٣)
(Encore une fois)! Vous saurez bientôt! (4)	ثُمَّ كَلَّا سَوْفَ تَعْلَمُونَ (٤)
Sûrement! Si vous saviez de science certaine (5)	كَلَّا لَوْ تَعْلَمُونَ عِلْمَ ٱلْيَقِينِ (٥)
Vous verrez, certes, la Fournaise (6)	لَتَرَوُنَّ ٱلْجَحِيمَ (٦)
Puis, vous la verrez certes, avec l'oeil de certitude (7)	ثُمَّ لَتَرَوُنَّهَا عَيْنَ ٱلْيَقِينِ (٧)
Puis, assurément, vous serez interrogés, ce jour-là, sur les délices (8)	ثُمَّ لَتُسْأَلُنَّ يَوْمَئِذٍ عَنِ ٱلنَّعِيمِ (٨)

سُورَةُ الْقَارِعَةِ

بِسْمِ اللَّهِ الرَّحْمَٰنِ الرَّحِيمِ

الْقَارِعَةُ ﴿١﴾

مَا الْقَارِعَةُ ﴿٢﴾

وَمَا أَدْرَاكَ مَا الْقَارِعَةُ ﴿٣﴾

يَوْمَ يَكُونُ النَّاسُ كَالْفَرَاشِ الْمَبْثُوثِ ﴿٤﴾

وَتَكُونُ الْجِبَالُ كَالْعِهْنِ الْمَنفُوشِ ﴿٥﴾

فَأَمَّا مَن ثَقُلَتْ مَوَازِينُهُ ﴿٦﴾

فَهُوَ فِي عِيشَةٍ رَّاضِيَةٍ ﴿٧﴾

وَأَمَّا مَنْ خَفَّتْ مَوَازِينُهُ ﴿٨﴾

فَأُمُّهُ هَاوِيَةٌ ﴿٩﴾

وَمَا أَدْرَاكَ مَا هِيَهْ ﴿١٠﴾

نَارٌ حَامِيَةٌ ﴿١١﴾

سُورَةُ القَارِعَة
Sourate Al-Qari'ah

بِسْمِ اللَّهِ الرَّحْمَنِ الرَّحِيم

Bismi Allahi arrahmani arrahim

Al qaari'ah	ٱلْقَارِعَةُ (١)
Mal qaariah	مَا ٱلْقَارِعَةُ (٢)
Wa maa adraaka mal qaari'ah	وَمَآ أَدْرَلكَ مَا ٱلْقَارِعَةُ (٣)
Yawma ya koonun naasu kal farashil mabthooth	يَوْمَ يَكُونُ ٱلنَّاسُ كَٱلْفَرَاشِ ٱلْمَبْثُوثِ (٤)
Wa ta koonul jibalu kal 'ihnil manfoosh	وَتَكُونُ ٱلْجِبَالُ كَٱلْعِهْنِ ٱلْمَنفُوشِ (٥)
Fa-amma man thaqulat mawa zeenuh	فَأَمَّا مَن ثَقُلَتْ مَوَٰزِينُهُۥ (٦)
Fahuwa fee 'ishatir raadiyah	فَهُوَ فِى عِيشَةٍ رَّاضِيَةٍ (٧)
Wa amma man khaffat mawa zeenuh	وَأَمَّا مَنْ خَفَّتْ مَوَٰزِينُهُۥ (٨)
Fa-ummuhu haawiyah	فَأُمُّهُۥ هَاوِيَةٌ (٩)
Wa maa adraaka maa hiyah	وَمَآ أَدْرَلكَ مَا هِيَهْ (١٠)
Naarun hamiyah	نَارٌ حَامِيَةٌ (١١)

Récitation Murattal

Récitation avec
répétition des enfants

Scan pour écouter la Sourate

سُورَةُ القَارِعَة
(Le Fracas)

بِسْمِ اللَّهِ الرَّحْمَنِ الرَّحِيمِ

Au nom d'Allah, le Tout Miséricordieux, le Très Miséricordieux

Le fracas! (1)	ٱلْقَارِعَةُ (١)
Qu'est-ce que le fracas? (2)	مَا ٱلْقَارِعَةُ (٢)
Et qui te dira ce qu'est le fracas? (3)	وَمَآ أَدْرَىٰكَ مَا ٱلْقَارِعَةُ (٣)
C'est le jour où les gens seront comme des papillons éparpillés (4)	يَوْمَ يَكُونُ ٱلنَّاسُ كَٱلْفَرَاشِ ٱلْمَبْثُوثِ (٤)
et les montagnes comme de la laine cardée (5)	وَتَكُونُ ٱلْجِبَالُ كَٱلْعِهْنِ ٱلْمَنفُوشِ (٥)
quant à celui dont la balance sera lourde (6)	فَأَمَّا مَن ثَقُلَتْ مَوَٰزِينُهُۥ (٦)
il sera dans une vie agréable (7)	فَهُوَ فِى عِيشَةٍ رَّاضِيَةٍ (٧)
et quant à celui dont la balance sera légère (8)	وَأَمَّا مَنْ خَفَّتْ مَوَٰزِينُهُۥ (٨)
sa mère [destination] est un abîme très profond (9)	فَأُمُّهُۥ هَاوِيَةٌ (٩)
Et qui te dira ce que c'est? (10)	وَمَآ أَدْرَىٰكَ مَا هِيَهْ (١٠)
C'est un Feu ardent (11)	نَارٌ حَامِيَةٌۢ (١١)

سُورَةُ الْعَادِيَاتِ

بِسْمِ ٱللَّهِ ٱلرَّحْمَٰنِ ٱلرَّحِيمِ

وَٱلْعَٰدِيَٰتِ ضَبْحًا ﴿١﴾

فَٱلْمُورِيَٰتِ قَدْحًا ﴿٢﴾

فَٱلْمُغِيرَٰتِ صُبْحًا ﴿٣﴾

فَأَثَرْنَ بِهِۦ نَقْعًا ﴿٤﴾

فَوَسَطْنَ بِهِۦ جَمْعًا ﴿٥﴾

إِنَّ ٱلْإِنسَٰنَ لِرَبِّهِۦ لَكَنُودٌ ﴿٦﴾

وَإِنَّهُۥ عَلَىٰ ذَٰلِكَ لَشَهِيدٌ ﴿٧﴾

وَإِنَّهُۥ لِحُبِّ ٱلْخَيْرِ لَشَدِيدٌ ﴿٨﴾

۞ أَفَلَا يَعْلَمُ إِذَا بُعْثِرَ مَا فِى ٱلْقُبُورِ ﴿٩﴾

وَحُصِّلَ مَا فِى ٱلصُّدُورِ ﴿١٠﴾

إِنَّ رَبَّهُم بِهِمْ يَوْمَئِذٍ لَّخَبِيرٌۢ ﴿١١﴾

Récitation Murattal

Scan pour écouter la Sourate

Récitation avec
répétition des enfants

سُورَةُ العَادِيَات
Sourate Al-'Adiyat

بِسْمِ اللَّهِ الرَّحْمَنِ الرَّحِيم

Bismi Allahi arrahmani arrahim

Wal'aadi yaati dabha	وَٱلْعَادِيَتِ ضَبْحًا (١)
Fal moori yaati qadha	فَٱلْمُورِيَتِ قَدْحًا (٢)
Fal mugheeraati subha	فَٱلْمُغِيرَتِ صُبْحًا (٣)
Fa atharna bihee naq'a	فَأَثَرْنَ بِهِۦ نَقْعًا (٤)
Fawa satna bihee jam'a	فَوَسَطْنَ بِهِۦ جَمْعًا (٥)
Innal-insana lirabbihee lakanood	إِنَّ ٱلْإِنسَٰنَ لِرَبِّهِۦ لَكَنُودٌ (٦)
Wa innahu 'alaa dhaalika la shaheed	وَإِنَّهُۥ عَلَىٰ ذَٰلِكَ لَشَهِيدٌ (٧)
Wa innahu lihubbil khairi la shadeed	وَإِنَّهُۥ لِحُبِّ ٱلْخَيْرِ لَشَدِيدٌ (٨)
Afala ya'lamu iza b'uthira ma filquboor	۞ أَفَلَا يَعْلَمُ إِذَا بُعْثِرَ مَا فِي ٱلْقُبُورِ (٩)
Wa hussila maa fis sudoor	وَحُصِّلَ مَا فِي ٱلصُّدُورِ (١٠)
Inna rabbahum bihim yauma 'idhin lakhabeer	إِنَّ رَبَّهُم بِهِمْ يَوْمَئِذٍ لَّخَبِيرٌ (١١)

سُورَةُ العَادِيَات
(Les Coursiers)

بِسْمِ اللَّهِ الرَّحْمَنِ الرَّحِيمِ

Au nom d'Allah, le Tout Miséricordieux, le Très Miséricordieux

Par les coursiers qui halètent (1)	وَٱلْعَٰدِيَٰتِ ضَبْحًا (١)
qui font jaillir des étincelles (2)	فَٱلْمُورِيَٰتِ قَدْحًا (٢)
qui attaquent au matin (3)	فَٱلْمُغِيرَٰتِ صُبْحًا (٣)
et font ainsi voler la poussière (4)	فَأَثَرْنَ بِهِۦ نَقْعًا (٤)
et pénètrent au centre de la troupe ennemie (5)	فَوَسَطْنَ بِهِۦ جَمْعًا (٥)
L'homme est, certes, ingrat envers son Seigneur (6)	إِنَّ ٱلْإِنسَٰنَ لِرَبِّهِۦ لَكَنُودٌ (٦)
et pourtant, il est certes, témoin de cela (7)	وَإِنَّهُۥ عَلَىٰ ذَٰلِكَ لَشَهِيدٌ (٧)
et pour l'amour des richesses il est certes ardent (8)	وَإِنَّهُۥ لِحُبِّ ٱلْخَيْرِ لَشَدِيدٌ (٨)
Ne sait-il donc pas que lorsque ce qui est dans les tombes sera bouleversé (9)	۞ أَفَلَا يَعْلَمُ إِذَا بُعْثِرَ مَا فِي ٱلْقُبُورِ (٩)
et que sera dévoilé ce qui est dans les poitrines (10)	وَحُصِّلَ مَا فِي ٱلصُّدُورِ (١٠)
ce jour-là, certes, leur Seigneur sera Parfaitement Connaisseur d'eux? (11)	إِنَّ رَبَّهُم بِهِمْ يَوْمَئِذٍ لَّخَبِيرٌ (١١)

سُورَةُ الزَّلْزَلَةِ

بِسْمِ اللَّهِ الرَّحْمَٰنِ الرَّحِيمِ

إِذَا زُلْزِلَتِ الْأَرْضُ زِلْزَالَهَا ﴿١﴾

وَأَخْرَجَتِ الْأَرْضُ أَثْقَالَهَا ﴿٢﴾

وَقَالَ الْإِنسَٰنُ مَا لَهَا ﴿٣﴾

يَوْمَئِذٍ تُحَدِّثُ أَخْبَارَهَا ﴿٤﴾

بِأَنَّ رَبَّكَ أَوْحَىٰ لَهَا ﴿٥﴾

يَوْمَئِذٍ يَصْدُرُ النَّاسُ أَشْتَاتًا لِّيُرَوْا أَعْمَالَهُمْ ﴿٦﴾

فَمَن يَعْمَلْ مِثْقَالَ ذَرَّةٍ خَيْرًا يَرَهُ ﴿٧﴾

وَمَن يَعْمَلْ مِثْقَالَ ذَرَّةٍ شَرًّا يَرَهُ ﴿٨﴾

سُورَةُ الزَّلْزَلَة
Sourate Az-Zalzalah

بِسْمِ اللَّهِ الرَّحْمَنِ الرَّحِيم

Bismi Allahi arrahmani arrahim

Idhaa zul zilatil ardu zil zaalaha	إِذَا زُلْزِلَتِ ٱلْأَرْضُ زِلْزَالَهَا (١)
Wa akh rajatil ardu athqaalaha	وَأَخْرَجَتِ ٱلْأَرْضُ أَثْقَالَهَا (٢)
Wa qaalal insaanu ma laha	وَقَالَ ٱلْإِنسَـٰنُ مَا لَهَا (٣)
Yawmaa idhin tuhaddithu akhbaaraha	يَوْمَئِذٍ تُحَدِّثُ أَخْبَارَهَا (٤)
Bi-anna rabbaka awhaa laha	بِأَنَّ رَبَّكَ أَوْحَىٰ لَهَا (٥)
Yawma idhiny yas durun naasu ash tatal liyuraw a'maalahum	يَوْمَئِذٍ يَصْدُرُ ٱلنَّاسُ أَشْتَاتًا لِّيُرَوْا أَعْمَـٰلَهُمْ (٦)
Famaiy ya'mal mithqala dharratin khai raiy-yarah	فَمَن يَعْمَلْ مِثْقَالَ ذَرَّةٍ خَيْرًا يَرَهُ (٧)
Wa maiy-y'amal mithqala zarratin sharraiy-yarah	وَمَن يَعْمَلْ مِثْقَالَ ذَرَّةٍ شَرًّا يَرَهُ (٨)

Récitation Murattal

Récitation avec
répétition des enfants

Scan pour écouter la Sourate

سُورَةُ الزَّلْزَلَة
(La Secousse)

بِسْمِ اللَّهِ الرَّحْمَنِ الرَّحِيم

Au nom d'Allah, le Tout Miséricordieux, le Très Miséricordieux

Quand la terre tremblera d'un violent tremblement (1)	إِذَا زُلْزِلَتِ ٱلْأَرْضُ زِلْزَالَهَا (١)
et que la terre fera sortir ses fardeaux (2)	وَأَخْرَجَتِ ٱلْأَرْضُ أَثْقَالَهَا (٢)
et que l'homme dira : "Qu'a-t-elle?" (3)	وَقَالَ ٱلْإِنسَٰنُ مَا لَهَا (٣)
ce jour-là, elle contera son histoire (4)	يَوْمَئِذٍ تُحَدِّثُ أَخْبَارَهَا (٤)
selon ce que ton Seigneur lui aura révélé [ordonné](5)	بِأَنَّ رَبَّكَ أَوْحَىٰ لَهَا (٥)
Ce jour-là, les gens sortiront séparément pour que leur soient montrées leurs oeuvres (6)	يَوْمَئِذٍ يَصْدُرُ ٱلنَّاسُ أَشْتَاتًا لِّيُرَوْا أَعْمَٰلَهُمْ (٦)
Quiconque fait un bien fût-ce du poids d'un atome, le verra (7)	فَمَن يَعْمَلْ مِثْقَالَ ذَرَّةٍ خَيْرًا يَرَهُ (٧)
et quiconque fait un mal fût-ce du poids d'un atome, le verra (8)	وَمَن يَعْمَلْ مِثْقَالَ ذَرَّةٍ شَرًّا يَرَهُ (٨)

سُورَةُ الْبَيِّنَةِ

بِسْمِ اللَّهِ الرَّحْمَٰنِ الرَّحِيمِ

لَمْ يَكُنِ الَّذِينَ كَفَرُوا مِنْ أَهْلِ الْكِتَٰبِ وَالْمُشْرِكِينَ مُنفَكِّينَ حَتَّىٰ تَأْتِيَهُمُ الْبَيِّنَةُ ﴿١﴾

رَسُولٌ مِّنَ اللَّهِ يَتْلُوا صُحُفًا مُّطَهَّرَةً ﴿٢﴾

فِيهَا كُتُبٌ قَيِّمَةٌ ﴿٣﴾

وَمَا تَفَرَّقَ الَّذِينَ أُوتُوا الْكِتَٰبَ إِلَّا مِنۢ بَعْدِ مَا جَاءَتْهُمُ الْبَيِّنَةُ ﴿٤﴾

وَمَا أُمِرُوا إِلَّا لِيَعْبُدُوا اللَّهَ مُخْلِصِينَ لَهُ الدِّينَ حُنَفَاءَ وَيُقِيمُوا الصَّلَوٰةَ وَيُؤْتُوا الزَّكَوٰةَ وَيُؤْتُوا الزَّكَوٰةَ وَذَٰلِكَ دِينُ الْقَيِّمَةِ ﴿٥﴾

إِنَّ ٱلَّذِينَ كَفَرُوا۟ مِنْ أَهْلِ ٱلْكِتَٰبِ وَٱلْمُشْرِكِينَ فِى نَارِ جَهَنَّمَ خَٰلِدِينَ فِيهَآ أُو۟لَٰٓئِكَ هُمْ شَرُّ ٱلْبَرِيَّةِ ۝٦

إِنَّ ٱلَّذِينَ ءَامَنُوا۟ وَعَمِلُوا۟ ٱلصَّٰلِحَٰتِ أُو۟لَٰٓئِكَ هُمْ خَيْرُ ٱلْبَرِيَّةِ ۝٧

جَزَآؤُهُمْ عِندَ رَبِّهِمْ جَنَّٰتُ عَدْنٍ تَجْرِى مِن تَحْتِهَا ٱلْأَنْهَٰرُ خَٰلِدِينَ فِيهَآ أَبَدًا رَّضِىَ ٱللَّهُ عَنْهُمْ وَرَضُوا۟ عَنْهُ ذَٰلِكَ لِمَنْ خَشِىَ رَبَّهُۥ ۝٨

سُورَةُ البَيِّنَة
Sourate Al-Bayyinah

بِسْمِ اللَّهِ الرَّحْمَنِ الرَّحِيم

Bismi Allahi arrahmani arrahim

Lam ya kunil ladheena kafaru min ahlil kitaabi wal mushri keena mun fak keena hattaa ta-tiya humul bayyinah

لَمْ يَكُنِ ٱلَّذِينَ كَفَرُوا۟ مِنْ أَهْلِ ٱلْكِتَـٰبِ وَٱلْمُشْرِكِينَ مُنفَكِّينَ حَتَّىٰ تَأْتِيَهُمُ ٱلْبَيِّنَةُ (١)

Rasoolum minal laahi yatlu suhufam mutahharah

رَسُولٌ مِّنَ ٱللَّهِ يَتْلُوا۟ صُحُفًا مُّطَهَّرَةً (٢)

Feeha kutubun qaiyimah

فِيهَا كُتُبٌ قَيِّمَةٌ (٣)

Wa maa tafarraqal ladheena ootul kitaaba il-la mim b'adi ma jaa-at humul baiyyinah

وَمَا تَفَرَّقَ ٱلَّذِينَ أُوتُوا۟ ٱلْكِتَـٰبَ إِلَّا مِن بَعْدِ مَا جَآءَتْهُمُ ٱلْبَيِّنَةُ (٤)

Wa maa umiroo il-la liy'abu dul laaha mukhliseena lahud-deena huna faa-a wa yuqeemus salaata wa yu-tuz zakaata; wa dhaalika deenul qaiyimah

وَمَآ أُمِرُوٓا۟ إِلَّا لِيَعْبُدُوا۟ ٱللَّهَ مُخْلِصِينَ لَهُ ٱلدِّينَ حُنَفَآءَ وَيُقِيمُوا۟ ٱلصَّلَوٰةَ وَيُؤْتُوا۟ ٱلزَّكَوٰةَ وَذَٰلِكَ دِينُ ٱلْقَيِّمَةِ (٥)

Innal ladheena kafaru min ahlil kitaabi
wal mushri keena fee nari jahan nama
khaali deena feeha; ulaa-ika hum shar
rul ba reeyah

إِنَّ ٱلَّذِينَ كَفَرُوا۟ مِنْ أَهْلِ ٱلْكِتَـٰبِ وَٱلْمُشْرِكِينَ فِى نَارِ جَهَنَّمَ خَـٰلِدِينَ فِيهَآ أُو۟لَـٰٓئِكَ هُمْ شَرُّ ٱلْبَرِيَّةِ (٦)

Innal ladheena aamanu wa 'amilus
saalihaati ula-ika hum khairul bareey yah

إِنَّ ٱلَّذِينَ ءَامَنُوا۟ وَعَمِلُوا۟ ٱلصَّـٰلِحَـٰتِ أُو۟لَـٰٓئِكَ هُمْ خَيْرُ ٱلْبَرِيَّةِ (٧)

Jazaa-uhum inda rabbihim jan naatu
'adnin tajree min tahtihal an haaru
khalideena feeha abada; radiy-yallaahu
'anhum wa ra du 'anhu dhaalika liman
khashiya rabbah

جَزَآؤُهُمْ عِندَ رَبِّهِمْ جَنَّـٰتُ عَدْنٍ تَجْرِى مِن تَحْتِهَا ٱلْأَنْهَـٰرُ خَـٰلِدِينَ فِيهَآ أَبَدًا رَّضِىَ ٱللَّهُ عَنْهُمْ وَرَضُوا۟ عَنْهُ ذَٰلِكَ لِمَنْ خَشِىَ رَبَّهُ (٨)

Récitation Murattal

Scan pour écouter la Sourate

Récitation avec
répétition des enfants

سُورَةُ البَيِّنَة
(La Preuve)

بِسْمِ اللَّهِ الرَّحْمَنِ الرَّحِيم

Au nom d'Allah, le Tout Miséricordieux, le Très Miséricordieux

لَمْ يَكُنِ ٱلَّذِينَ كَفَرُواْ مِنْ أَهْلِ ٱلْكِتَـٰبِ وَٱلْمُشْرِكِينَ مُنفَكِّينَ حَتَّىٰ تَأْتِيَهُمُ ٱلْبَيِّنَةُ (١)

Les infidèles parmi les gens du Livre, ainsi que les Associateurs, ne cesseront pas de mécroire jusqu'à ce que leur vienne la Preuve évidente : (1)

رَسُولٌ مِّنَ ٱللَّهِ يَتْلُواْ صُحُفًا مُّطَهَّرَةً (٢)

un Messager, de la part d'Allah, qui leur récite des feuilles purifiées (2)

فِيهَا كُتُبٌ قَيِّمَةٌ (٣)

dans lesquelles se trouvent des prescriptions d'une rectitude parfaite (3)

وَمَا تَفَرَّقَ ٱلَّذِينَ أُوتُواْ ٱلْكِتَـٰبَ إِلَّا مِنۢ بَعْدِ مَا جَآءَتْهُمُ ٱلْبَيِّنَةُ (٤)

Et ceux à qui le Livre a été donné ne se sont divisés qu'après que la preuve leur fut venue (4)

وَمَآ أُمِرُوٓاْ إِلَّا لِيَعْبُدُواْ ٱللَّهَ مُخْلِصِينَ لَهُ ٱلدِّينَ حُنَفَآءَ وَيُقِيمُواْ ٱلصَّلَوٰةَ وَيُؤْتُواْ ٱلزَّكَوٰةَ وَذَٰلِكَ دِينُ ٱلْقَيِّمَةِ (٥)

Il ne leur a été commandé, cependant, que d'adorer Allah, Lui vouant un culte exclusif, d'accomplir la Salat et d'acquitter la Zakat. Et voilà la religion de droiture (5)

Les infidèles parmi les gens du Livre, ainsi que les Associateurs iront au feu de l'Enfer, pour y demeurer éternellement. De toute la création, ce sont eux les pires (6)

إِنَّ ٱلَّذِينَ كَفَرُوا۟ مِنْ أَهْلِ ٱلْكِتَـٰبِ وَٱلْمُشْرِكِينَ فِى نَارِ جَهَنَّمَ خَـٰلِدِينَ فِيهَآ أُو۟لَـٰٓئِكَ هُمْ شَرُّ ٱلْبَرِيَّةِ (٦)

Quant à ceux qui croient et accomplissent les bonnes oeuvres, ce sont les meilleurs de toute la création (7)

إِنَّ ٱلَّذِينَ ءَامَنُوا۟ وَعَمِلُوا۟ ٱلصَّـٰلِحَـٰتِ أُو۟لَـٰٓئِكَ هُمْ خَيْرُ ٱلْبَرِيَّةِ (٧)

Leur récompense auprès d'Allah sera les Jardins de séjour, sous lesquels coulent les ruisseaux, pour y demeurer éternellement. Allah les agrée et ils L'agréent. Telle sera [la récompense] de celui qui craint son Seigneur (8)

جَزَآؤُهُمْ عِندَ رَبِّهِمْ جَنَّـٰتُ عَدْنٍ تَجْرِي مِن تَحْتِهَا ٱلْأَنْهَـٰرُ خَـٰلِدِينَ فِيهَآ أَبَدًا رَّضِيَ ٱللَّهُ عَنْهُمْ وَرَضُوا۟ عَنْهُ ذَٰلِكَ لِمَنْ خَشِيَ رَبَّهُ (٨)

سُورَةُ الْقَدْرِ

بِسْمِ اللَّهِ الرَّحْمَٰنِ الرَّحِيمِ

إِنَّا أَنزَلْنَٰهُ فِى لَيْلَةِ الْقَدْرِ ۝١

وَمَآ أَدْرَىٰكَ مَا لَيْلَةُ الْقَدْرِ ۝٢

لَيْلَةُ الْقَدْرِ خَيْرٌ مِّنْ أَلْفِ شَهْرٍ ۝٣

تَنَزَّلُ الْمَلَٰٓئِكَةُ وَالرُّوحُ فِيهَا بِإِذْنِ رَبِّهِم مِّن كُلِّ أَمْرٍ ۝٤

سَلَٰمٌ هِىَ حَتَّىٰ مَطْلَعِ الْفَجْرِ ۝٥

سُورَةُ القَدْر
Sourate Al-Qadr

بِسْمِ اللَّهِ الرَّحْمَنِ الرَّحِيم

Bismi Allahi arrahmani arrahim

Innaa anzalnaahu fee lailatil qadr	إِنَّا أَنزَلْنَاهُ فِى لَيْلَةِ ٱلْقَدْرِ (١)
Wa maa adraaka ma lailatul qadr	وَمَآ أَدْرَىٰكَ مَا لَيْلَةُ ٱلْقَدْرِ (٢)
Lailatul qadri khairum min alfee shahr	لَيْلَةُ ٱلْقَدْرِ خَيْرٌ مِّنْ أَلْفِ شَهْرٍ (٣)
Tanaz zalul malaa-ikatu war roohu feeha bi izni-rab bihim min kulli amr	تَنَزَّلُ ٱلْمَلَٰئِكَةُ وَٱلرُّوحُ فِيهَا بِإِذْنِ رَبِّهِم مِّن كُلِّ أَمْرٍ (٤)
Salaamun hiya hattaa mat la'il fajr	سَلَٰمٌ هِيَ حَتَّىٰ مَطْلَعِ ٱلْفَجْرِ (٥)

Récitation Murattal

Scan pour écouter la Sourate

Récitation avec
répétition des enfants

سُورَةُ القَدْر
(La Destinée)

بِسْمِ اللَّهِ الرَّحْمَنِ الرَّحِيمِ

Au nom d'Allah, le Tout Miséricordieux, le Très Miséricordieux

إِنَّآ أَنزَلْنَٰهُ فِى لَيْلَةِ ٱلْقَدْرِ (١)

Nous l'avons certes, fait descendre (le Coran) pendant la nuit d'Al-Qadr (1)

وَمَآ أَدْرَىٰكَ مَا لَيْلَةُ ٱلْقَدْرِ (٢)

Et qui te dira ce qu'est la nuit d'Al-Qadr? (2)

لَيْلَةُ ٱلْقَدْرِ خَيْرٌ مِّنْ أَلْفِ شَهْرٍ (٣)

La nuit d'Al-Qadr est meilleure que mille mois (3)

تَنَزَّلُ ٱلْمَلَٰئِكَةُ وَٱلرُّوحُ فِيهَا بِإِذْنِ رَبِّهِم مِّن كُلِّ أَمْرٍ (٤)

Durant celle-ci descendent les Anges ainsi que l'Esprit , par permission de leur Seigneur pour tout ordre (4)

سَلَٰمٌ هِيَ حَتَّىٰ مَطْلَعِ ٱلْفَجْرِ (٥)

Elle est paix et salut jusqu'à l'apparition de l'aube (5)

سُورَةُ العَلَقِ

بِسْمِ ٱللَّهِ ٱلرَّحْمَٰنِ ٱلرَّحِيمِ

ٱقْرَأْ بِٱسْمِ رَبِّكَ ٱلَّذِي خَلَقَ ﴿١﴾

خَلَقَ ٱلْإِنسَٰنَ مِنْ عَلَقٍ ﴿٢﴾

ٱقْرَأْ وَرَبُّكَ ٱلْأَكْرَمُ ﴿٣﴾

ٱلَّذِي عَلَّمَ بِٱلْقَلَمِ ﴿٤﴾

عَلَّمَ ٱلْإِنسَٰنَ مَا لَمْ يَعْلَمْ ﴿٥﴾

كَلَّا إِنَّ ٱلْإِنسَٰنَ لَيَطْغَىٰ ﴿٦﴾

أَن رَّءَاهُ ٱسْتَغْنَىٰ ﴿٧﴾

إِنَّ إِلَىٰ رَبِّكَ ٱلرُّجْعَىٰ ﴿٨﴾

أَرَءَيْتَ ٱلَّذِي يَنْهَىٰ ﴿٩﴾

عَبْدًا إِذَا صَلَّىٰ ﴿١٠﴾

أَرَءَيْتَ إِن كَانَ عَلَى الْهُدَىٰ ﴿١١﴾

أَوْ أَمَرَ بِالتَّقْوَىٰ ﴿١٢﴾

أَرَءَيْتَ إِن كَذَّبَ وَتَوَلَّىٰ ﴿١٣﴾

أَلَمْ يَعْلَم بِأَنَّ اللَّهَ يَرَىٰ ﴿١٤﴾

كَلَّا لَئِن لَّمْ يَنتَهِ لَنَسْفَعًا بِالنَّاصِيَةِ ﴿١٥﴾

نَاصِيَةٍ كَاذِبَةٍ خَاطِئَةٍ ﴿١٦﴾

فَلْيَدْعُ نَادِيَهُ ﴿١٧﴾

سَنَدْعُ الزَّبَانِيَةَ ﴿١٨﴾

كَلَّا لَا تُطِعْهُ وَاسْجُدْ وَاقْتَرِب ۩ ﴿١٩﴾

سُورَةُ العَلَق
Sourate Al-'Alaq

بِسْمِ اللَّهِ الرَّحْمَنِ الرَّحِيمِ

Bismi Allahi arrahmani arrahim

Iqra bismi rab bikal ladhee khalaq	اَقْرَأْ بِٱسْمِ رَبِّكَ ٱلَّذِي خَلَقَ (١)
Khalaqal insaana min 'alaq	خَلَقَ ٱلْإِنسَٰنَ مِنْ عَلَقٍ (٢)
Iqra wa rab bukal akram	ٱقْرَأْ وَرَبُّكَ ٱلْأَكْرَمُ (٣)
Al ladhee 'allama bil qalam	ٱلَّذِي عَلَّمَ بِٱلْقَلَمِ (٤)
'Al lamal insaana ma lam y'alam	عَلَّمَ ٱلْإِنسَٰنَ مَا لَمْ يَعْلَمْ (٥)
Kallaa innal insaana layatghaa	كَلَّآ إِنَّ ٱلْإِنسَٰنَ لَيَطْغَىٰٓ (٦)
Ar-ra aahus taghnaa	أَن رَّءَاهُ ٱسْتَغْنَىٰٓ (٧)
Innna ilaa rabbikar ruj'aa	إِنَّ إِلَىٰ رَبِّكَ ٱلرُّجْعَىٰٓ (٨)
Ara-aital ladhee yanhaa	أَرَءَيْتَ ٱلَّذِي يَنْهَىٰ (٩)

'Abdan idha sallaa

عَبْدًا إِذَا صَلَّىٰٓ (١٠)

Ara-aita in kana 'alal hudaa

أَرَءَيْتَ إِن كَانَ عَلَى ٱلْهُدَىٰٓ (١١)

Aw amara bit taqwaa

أَوْ أَمَرَ بِٱلتَّقْوَىٰٓ (١٢)

Ara-aita in kadhaba wa ta walla

أَرَءَيْتَ إِن كَذَّبَ وَتَوَلَّىٰٓ (١٣)

Alam y'alam bi-an nal lahaa yaraa

أَلَمْ يَعْلَم بِأَنَّ ٱللَّهَ يَرَىٰ (١٤)

Kalla la illam yantahi la nasfa'am bin nasiyah

كَلَّا لَئِن لَّمْ يَنتَهِ لَنَسْفَعًۢا بِٱلنَّاصِيَةِ (١٥)

Nasiyatin kadhi batin khaatiah

نَاصِيَةٍ كَٰذِبَةٍ خَاطِئَةٍ (١٦)

Fal yad'u naadiyah

فَلْيَدْعُ نَادِيَهُ (١٧)

Sanad 'uz zabaaniyah

سَنَدْعُ ٱلزَّبَانِيَةَ (١٨)

Kalla; la tuti'hu wasjud waqtarib
(make sajda)

كَلَّا لَا تُطِعْهُ وَٱسْجُدْ وَٱقْتَرِب ۩ (١٩)

سُورَةُ العَلَق

(L'Adhérence)

بِسْمِ اللَّهِ الرَّحْمَنِ الرَّحِيمِ

Au nom d'Allah, le Tout Miséricordieux, le Très Miséricordieux

Lis, au nom de ton Seigneur qui a créé (1)	اقْرَأْ بِاسْمِ رَبِّكَ ٱلَّذِي خَلَقَ (١)
qui a créé l'homme d'une adhérence (2)	خَلَقَ ٱلْإِنسَـٰنَ مِنْ عَلَقٍ (٢)
Lis! Ton Seigneur est le Très Noble (3)	اقْرَأْ وَرَبُّكَ ٱلْأَكْرَمُ (٣)
qui a enseigné par la plume [le calame] (4)	ٱلَّذِي عَلَّمَ بِٱلْقَلَمِ (٤)
a enseigné à l'homme ce qu'il ne savait pas (5)	عَلَّمَ ٱلْإِنسَـٰنَ مَا لَمْ يَعْلَمْ (٥)
Prenez-garde! Vraiment l'homme devient rebelle (6)	كَلَّا إِنَّ ٱلْإِنسَـٰنَ لَيَطْغَىٰ (٦)
dès qu'il estime qu'il peut se suffire à lui-même (à cause de sa richesse) (7)	أَن رَّءَاهُ ٱسْتَغْنَىٰ (٧)
Mais, c'est vers ton Seigneur qu'est le retour (8)	إِنَّ إِلَىٰ رَبِّكَ ٱلرُّجْعَىٰ (٨)
As-tu vu celui qui interdit (9)	أَرَءَيْتَ ٱلَّذِي يَنْهَىٰ (٩)

à un serviteur d'Allah (Muhammad) de célébrer la Salat? (10)	عَبْدًا إِذَا صَلَّىٰٓ (١٠)
Vois-tu s'il est sur la bonne voie (11)	أَرَءَيْتَ إِن كَانَ عَلَى ٱلْهُدَىٰٓ (١١)
ou s'il ordonne la piété? (12)	أَوْ أَمَرَ بِٱلتَّقْوَىٰٓ (١٢)
Vois-tu s'il dément et tourne le dos? (13)	أَرَءَيْتَ إِن كَذَّبَ وَتَوَلَّىٰٓ (١٣)
Ne sait-il pas que vraiment Allah voit? (14)	أَلَمْ يَعْلَم بِأَنَّ ٱللَّهَ يَرَىٰ (١٤)
Mais non! S'il ne cesse pas, Nous le saisirons certes, par le toupet (15)	كَلَّا لَئِن لَّمْ يَنتَهِ لَنَسْفَعًۢا بِٱلنَّاصِيَةِ (١٥)
le toupet d'un menteur, d'un pécheur (16)	نَاصِيَةٍ كَاذِبَةٍ خَاطِئَةٍ (١٦)
Qu'il appelle donc son assemblée (17)	فَلْيَدْعُ نَادِيَهُ (١٧)
Nous appellerons les gardiens (de l'Enfer) (18)	سَنَدْعُ ٱلزَّبَانِيَةَ (١٨)
Non! Ne lui obéis pas; mais prosterne-toi et rapproche-toi (19)	كَلَّا لَا تُطِعْهُ وَٱسْجُدْ وَٱقْتَرِب ۩ (١٩)

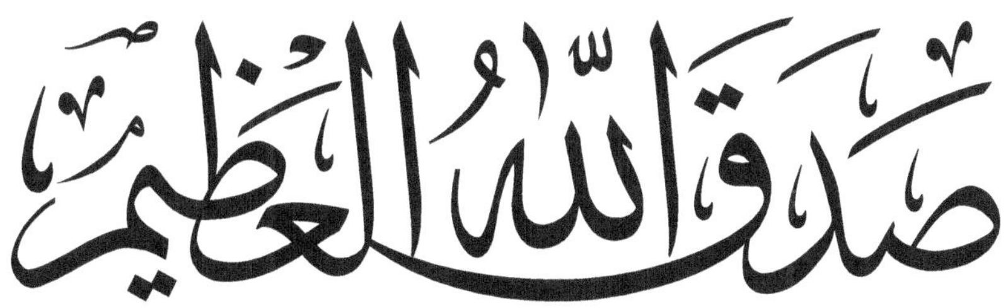